دَوْرِيَّةُ المِخْلَب...
يَعيش!

الآنَ صِرْتُ مُتَأَكِّدًا أَنَّ أَجْمَلَ
ما في حَياتي هُوَ أَنَّني فَرْدٌ
في هَذا الفَريقِ الرّائِع!

بِالفِعْلِ، أَنْقَذْتُ رايْدِر، وَأَنْقَذْتْ دَوْرِيَّةُ المِخْلَبِ أَدْفانْتشِر سيتي.

أَمّا رايْدِر فَقَدْ أَنْقَذَ العُمْدَةَ لَكِنَّهُ كانَ يَحْتاجُ أَيْضًا
إِلى المُساعَدَةِ! لَمْ أَعُدْ خائِفًا مِنَ المَدينَةِ الكَبيرَةِ...
وَكانَ عَلَيَّ أَنْ أُنْجِدَ صَديقي!

قُمْنا بِجَوْلَةٍ في شَوارِعِ المَدينَةِ بِأَقْصى سُرْعَتِنا،
وَرافَقْنا الجَميعَ إِلى أَماكِنَ آمِنَةٍ.

كُنَّا، أَنا وَرِفاقي في دَوْرِيَّةِ المِخْلَبِ،
مُسْتَعِدِّينَ لِأَكْبَرِ مُغامَرَةٍ لَنا في المَدينَة.

فِي هَذا الوَقْتِ بِالتَّحْديدِ، ظَهَرَتْ غَيْمَةٌ ضَخْمَةٌ تُنْذِرُ بِعاصِفَةٍ كَبيرَةٍ فَوْقَ أَدْفَنْتشر سيتي. لَقَدِ اسْتَعْمَلَ العُمْدَةُ آلَةً لِتَجْميعِ الغُيومِ لِيَضْمَنَ طَقْسًا جَميلًا في يَوْمِ تَدْشينِهِ ناطِحَةَ السَّحابِ الجَديدَة. لَكِنَّ الآلَةَ امْتَلَأَتْ بِالغُيومِ وَأَطْلَقَتْ عاصِفَةً هائِلَةً راحَتْ تُهَدِّدُ المَدينَة!

أَوَّلًا، كانَ عَلَيْنا أَنْ نوقِفَ عَرْضَ الأَلْعابِ النارِيَّةِ الجُنونِيَّ الَّذي أَقامَهُ العُمْدَة. وَكُنْتُ مُتَوَتِّرًا لِدَرَجَةِ أَنَّني عَلِقْتُ بِالحِبالِ وَأَنْقَذَني مارْشال.

شَعَرْتُ بِحُزْنٍ كَبير. فَقَدْ خَيَّبْتُ أَمَلَ رِفاقي وَعَرَّضْتُ النَّاسَ لِلْخَطَر. كُنْتُ مُقْتَنِعًا بِأَنَّ المَدينَةَ الكَبيرَةَ لا تُناسِبُني. لَكِنَّ رايْدِر لَمْ يُوافِقْني الرَّأْيَ... ثُمَّ خَطَرَتْ لَهُ فِكْرَة.

قادَني رايْدِر إِلى الشَّارِعِ حَيْثُ أَنْقَذَني عِنْدَما كُنْتُ صَغيرًا.
وَقالَ لي: «حَتَّى في ذَلِكَ الوَقْتِ، كُنْتَ أَكْثَرَ الجِراءِ شَجاعَةً».
لَمْ أُصَدِّقْ أُذُنَيَّ! حينَها، عَرَفْتُ أَنَّني لَنْ أَخْذُلَهُ.

بَدَتْ أَدْفانْتشِر سيتي أَكْبَرَ مِمَّا أَتَذَكَّرُ! فَشَعَرْتُ بِالخَوْفِ مُجَدَّدًا.

ذاتَ يَوْمٍ، وَرَدَنا اتِّصالٌ لِلذَّهابِ إلى أدفانْتشِر سيتي: عُمْدَتُها الجَديدُ سَيِّئٌ جِدًّا، وَقَدْ وَضَعَ الجَميعَ في خَطَر. قَال رايْدِر: «هَيَّا جَميعًا! لِنَحْزِمْ أَمْتَعَتَنا!» يَبْدو أَنَّني عائِدٌ إِلى المَدينَةِ الكَبيرَة.

أَخَذَني إِلى مَنْزِلِهِ في خَليجِ المُغامَرَةِ وَاعْتَنى بي. ثُمَّ ضَمَّني إِلى فَريقِ دَوْرِيَّةِ المِخْلَبِ لِأَنَّهُ كانَ واثِقًا أَنَّني في العُمْقِ شُجاع. لَطالَما كانَتْ ثِقَتُهُ بي كَبيرَةً!

بِفَضْلَ رايْدِر، شارَكْتُ في مُغامَراتٍ كَثيرَةٍ، وَأَصْبَحَ لَدَيَّ أَفْضَلُ الأَصْدِقاء.

ذاتَ صَباحٍ، حَدَثَتْ أُمورٌ كَثيرَةٌ مُرْبِكَةٌ فَشَعَرْتُ بِخَوْفٍ كَبيرٍ جِدًّا.
لَكِنْ حَصَلَ أَمْرٌ لَمْ أَتَوَقَّعْهُ: أَنْقَذَني رايْدِر!

أُحِبُّ عَمَلي وَفَريقي. لَكِنَّني لَمْ أَكُنْ دائِمًا سَعيدًا إِلى هَذا الحَدّ. فَفي صِغَري، كُنْتُ أَعيشُ في شَوارِعِ أَدْفانْتشِر سيتي. كانَتْ مَليئَةً بِالمَباني الشّاهِقَةِ وَالسَّيّاراتِ الصّاخِبَةِ، وَكُنْتُ أَشْعُرُ بِالبَرْدِ وَالجوعِ وَالخَوْف.

قائِدُنا اسْمُهُ رايْدِر وَهُوَ أَيْضًا أَفْضَلُ
صَديقٍ لي!

نُقيمُ جَميعُنا في خَليجِ المُغامَرَةِ وَنَحْنُ مُسْتَعِدُّونَ لِأَيِّ مُهِمَّةِ إِنْقاذٍ، كَبيرَةً كَانَتْ أَمْ صَغيرَة.

مَرْحَبًا، لِمَنْ لا يَعْرِفُني بَعْدُ، أَنا تشايْس! أَنا كَلْبٌ مُنْقِذٌ
وَفَرْدٌ في أَرْوَعِ فَريقٍ في العالَمِ: دَوْرِيَّةُ المِخْلَب!

nickelodeon

PAW PATROL THE MOVIE™

كُن شجاعًا أيُّها الصغير

نصّ Elle Stephens

مستوحاة من الحلقة التلفزيونية Bob Barlen وَ Cal Brunker وَ Billy Frolick

رسوم Fabrizio Petrossi

ISBN 978-614-469-893-8